Първи илюстрован речник
Животни

First Picture Dictionary
Animals

Прасе
Pig

Заек
Rabbit

Пеперуда
Butterfly

Лисица
Fox

Илюстрирано от Анна Иванир

www.kidkiddos.com
Copyright ©2025 by KidKiddos Books Ltd.
support@kidkiddos.com

All rights reserved. No part of this book may be reproduced in any form or by any electronic or mechanical means, including information storage and retrieval systems, without written permission from the publisher, except in the case of a reviewer, who may quote brief passages embodied in critical articles or in a review.
First edition, 2025

Library and Archives Canada Cataloguing in Publication
First Picture Dictionary – Animals (Bulgarian English Bilingual edition)
ISBN: 978-1-83416-480-9 paperback
ISBN: 978-1-83416-481-6 hardcover
ISBN: 978-1-83416-479-3 eBook

Диви животни
Wild Animals

Лъв
Lion

Тигър
Tiger

Жираф
Giraffe

✦ Жирафът е най-високото животно на сушата.
✦ *A giraffe is the tallest animal on land.*

Слон
Elephant

Маймуна
Monkey

Диви животни
Wild Animals

Хипопотам
Hippopotamus

Панда
Panda

Лисица
Fox

Носорог
Rhino

Елен
Deer

Лос
Moose

Вълк
Wolf

✦Лосът е отличен плувец и може да се гмурка под водата, за да яде растения!
✦*A moose is a great swimmer and can dive underwater to eat plants!*

Катерица
Squirrel

Коала
Koala

✦Катерицата крие ядки за зимата, но понякога забравя къде ги е сложила!
✦*A squirrel hides nuts for winter, but sometimes forgets where it put them!*

Горила
Gorilla

Домашни любимци
Pets

✦ Жабата може да диша както с кожата си, така и с белите си дробове!

✦ A frog can breathe through its skin as well as its lungs!

Канарче
Canary

Морско свинче
Guinea Pig

Жаба
Frog

Хамстер
Hamster

Златна рибка
Goldfish

Куче
Dog

◆Някои папагали могат да повтарят думи и дори да се смеят като хора!

◆Some parrots can copy words and even laugh like a human!

Папагал
Parrot

Котка
Cat

Животни във фермата
Animals at the Farm

Крава
Cow

Пиле
Chicken

Патица
Duck

Овца
Sheep

Кон
Horse

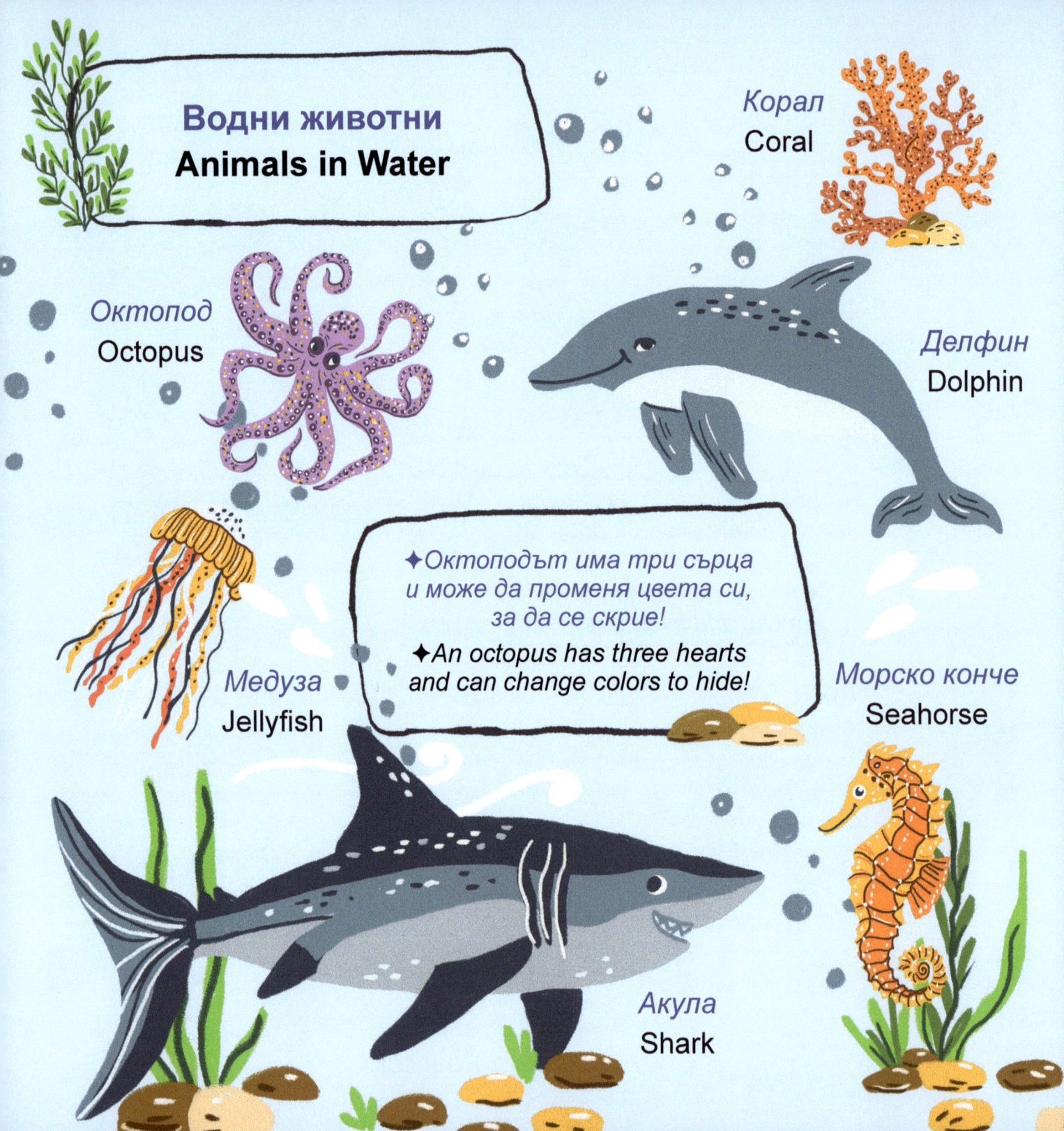

Комар
Mosquito

Водно конче
Dragonfly

> ✦*Водното конче е едно от първите насекоми на Земята, още преди динозаврите!*
>
> ✦*A dragonfly was one of the first insects on Earth, even before dinosaurs!*

Пчела
Bee

Пеперуда
Butterfly

Калинка
Ladybug

Язовец
Badger

Бодливо свинче
Porcupine

Мармот
Groundhog

✦ На гущера може да му израсне нова опашка, ако изгуби старата!
✦ A lizard can grow a new tail if it loses one!

Гущер
Lizard

Мравка
Ant

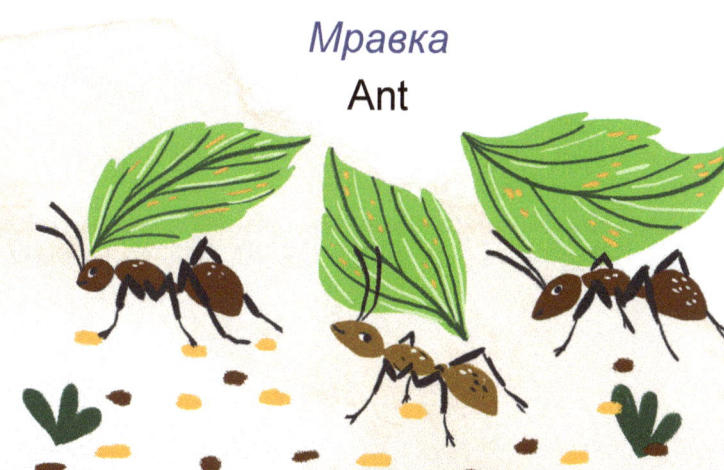

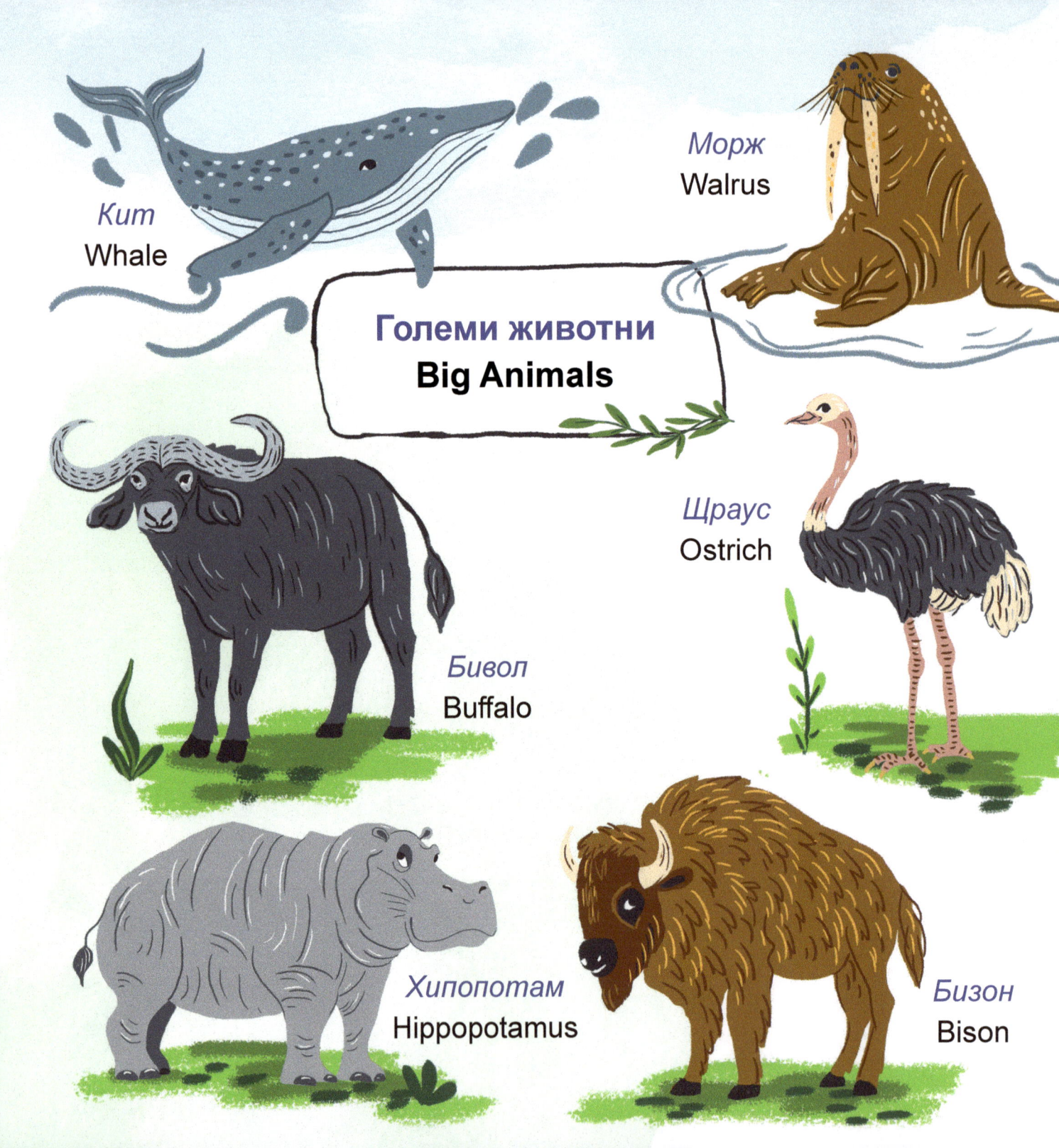

Малки животни
Small Animals

Хамелеон
Chameleon

Паяк
Spider

✦ *Щраусът е най-голямата птица, но не може да лети!*
✦ An ostrich is the biggest bird, but it cannot fly!

Пчела
Bee

✦ *Охлювът носи дома си на гърба си и се движи много бавно.*
✦ A snail carries its home on its back and moves very slowly.

Охлюв
Snail

Мишка
Mouse

Тихи животни
Quiet Animals

Калинка
Ladybug

Костенурка
Turtle

✦ *Костенурката може да живее както на сушата, така и във водата.*
✦ *A turtle can live both on land and in water.*

Риба
Fish

Гущер
Lizard

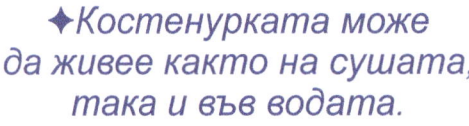

Бухал
Owl

Прилеп
Bat

✦Светулката свети нощем, за да намери други светулки.
✦A firefly glows at night to find other fireflies.

✦Бухалът ловува нощем и използва слуха си, за да открие храна!
✦An owl hunts at night and uses its hearing to find food!

Миеща мечка
Raccoon

Тарантула
Tarantula

Цветни животни
Colorful Animals

Фламингото е розово
A flamingo is pink

Бухалът е кафяв
An owl is brown

Лебедът е бял
A swan is white

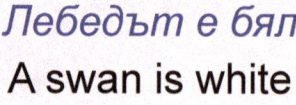

Октоподът е лилав
An octopus is purple

Жабата е зелена
A frog is green

✦ Жабата е зелена, затова може да се скрие сред листата.
✦ *A frog is green, so it can hide among the leaves.*

Животни и техните бебета
Animals and Their Babies

Крава и теле
Cow and Calf

Котка и котенце
Cat and Kitten

✦ *Пиленцето разговаря с майка си още преди да се излюпи.*
  ✦ *A chick talks to its mother even before it hatches.*

Кокошка и пиленце
Chicken and Chick

Куче и кученце
Dog and Puppy

Пеперуда и гъсеница
Butterfly and Caterpillar

Овца и агне
Sheep and Lamb

Кон и жребче
Horse and Foal

Прасе и прасенце
Pig and Piglet

Коза и яре
Goat and Kid

www.ingramcontent.com/pod-product-compliance
Lightning Source LLC
LaVergne TN
LVHW072054060526
838200LV00061B/4734